서산에 걸린 사람 소리

서산에 걸린 사람 소리

초판 1쇄 인쇄 2016년 3월 15일
초판 1쇄 발행 2016년 3월 20일

지은이 정용운
펴낸이 金泰奉
펴낸곳 도서출판 띠앗
등 록 제4-414호

편 집 박창서, 김수정
마케팅 김명준
홍 보 김태일

주 소 (우05044) 서울시 광진구 아차산로 413(구의동 243-22)
전 화 (02)454-0492(代)
팩 스 (02)454-0493
이메일 ddiat@ddiat.co.kr
홈페이지 www.ddiat.co.kr

ISBN 978-89-5854-105-9 (03810)

*책값은 표지에 표시되어 있습니다.
*잘못 만들어진 책은 구입하신 서점에서 친절하게 바꿔드립니다.

서산에 걸린 사람 소리

정용운 시집

도서
출판 띠앗

| 시인의 말 |

네 번째 시집을 발간하면서…

새소리 물소리 바람소리에 귀를 기울였다.
그리고 사람소리를 새기며 세상을 엮으려 했다.
사람은 꽃을 보면 아름다운 줄 알고 불우한 일을 당하면 슬퍼할 줄 알며 그리운 사람을 만나면 반기고 기쁨으로 맞이한다.
이는 곧 인간이기 때문이다. 봄, 여름, 가을, 겨울에 따라서 마음이 변할진대 글로 표현하고 싶은 시적(詩的) 감각은 누구나 지녔을 것으로 생각한다.
생활 속에서 별의별 일을 다 겪어야 하고 고난과 역경, 그리고 괴로움이 닥칠 때마다 하필이면 왜 나였나 하는 고뇌를 설파할 여유도 없이 세월이 흘러가고 있다.

이제 네 번째 시집을 내면서 나름대로 토속시인(土俗詩人)이라고 감히 생각해 본다.
고향을 댐 속으로 수장하고 정들었던 이웃사촌들과 작별하며 물설고 낯선 타향에 정을 붙이고 살면서 그때 그 시절이 그리워 쓴 시로서 독자님들의 동감을 살지 의문이 들기도 한다.
내 마음속에 숨어 있는 정(情)을 담아서 쓴 시로 누군가 나와 같은 마음으로 읽고 싶은 분들에게 드리고 싶다.
해는 서산에 걸쳐 노을 짙은데 시(詩) 바람이 둥지를 흔들었다.

송곡 정용운

| 목차 |

1 모정(母情)

옹달샘

3

흙

야생화  4

5 사랑의 열매

1

모정(母情)

어머니 가슴에 젖 도랑 흘러
도리도리하던 자식들
그 모정 빨아먹고 장성했노라.

동트는 새벽

동트는 하늘 아래
통근 열차 달려가고
두부장수 소리치면
해맑은 태양이 솟구쳐 오른다.

가로등 졸고 있어도
신문 배달 달려가면
궁금한 뉴스가 마당에 던져지고
새 아침은 열린다.

실도랑도 졸졸 거리며
바위고개 넘는데,
창문 활짝 열면
신선한 공기가 가슴을 친다.

열리는 새 아침에
기지개 펴고
생활의 리듬을 살려
신선한 일터로 달려간다.

모정(母情)

천둥 치는 세상에서
구름 한 점 잘라먹고
몸속에 간직했던 아들 딸
금이야 옥이야
밤잠 설친 모정(母情)

어머니 가슴에
젖 도랑 흘러
도리도리하던 자식들
모정(母情) 빨아먹고
장성했노라.

기저귀 채우며
젖은 자리 갈아주신
모정(母情)은 끝이 없었다.

애지중지(愛之重之) 자식 위한
어머니 사랑
자나 깨나 걱정으로
세월 보내는
불꽃같은 모정(母情)은 식지 않는다.

은혜(恩惠)

지축(地軸) 흔들리는
고통 참으며
저승 문전에서 자식 낳고
참 사랑 펴주는
하늘 같은 은혜(恩惠)
너와 내가 입었다.

치마폭으로 감싸 안으며
길러낸 자식(子息)은
늙으나 젊으나
어려 보여
근심 떠날 날 없구나.

어머니 짙은 향기
지울 수 없고
속속들이 닮은 꼴
햇살 같은 은혜(恩惠) 입었는데,
세상에 큰 소리로
혼자 자란 척하는구나.

봄바람

실개천 얼음 녹으면
진달래꽃 활짝 피고
할미꽃은 꼬부라지는데,
신명 나는 봄바람이
물오리를 떠민다.

보리밭 이랑 너머
아지랑이 아른거리고
뻐꾸기 숲 속에 울면
봄바람이 살랑거린다.

해 뜨는 광야에
풀 뜯는 송아지도
달음박질치면서
봄바람을 마신다.

바람 맞은 꾀꼬리
장등 넘어 도망가고
찔레나무 덤불 속에
봄바람이 한가롭다.

청보리

청보리 일렁이는
남해 바다 가파도
정열 넘치는 동백꽃 사이로
바다는 출렁이고
종달새 보리밭 골에서
참 사랑을 나눈다.

노랑나비
유채꽃에 머물면
드넓은 청보리 밭엔
호랑나비 춤을 추고
구릿빛 농부는
손목 시어 기심을 맨다.

청보리 익어가는
지평선 땅 끝머리
뭉게구름 점점이 떠가면
황홀한 저녁노을
석양이 아름답다.

호랑나비

별 하늘에 이슬 먹고
날개 접은 호랑나비
싸리꽃에 반해서
훨훨 춤을 추며
성큼성큼
꽃머리에 맴돈다.

호랑나비
노란 민들레꽃에 앉아
꽃가루 덮어쓰고
눈만 비벼대다가
바람 따라 구름 따라
세월없이 가버린다.

엉겅퀴 자주 꽃에
호랑나비 앉아서
꿀 사냥을 하는데,
망아진지 송아진지는
풀밭에 신명 나서
길길이 뛰는구나.

민들레꽃

양지바른 언덕에 민들레꽃
활짝 웃더니
어느새 봄을 보내고
솜털에 씨 매달아
소슬바람 따라서
두둥실 살림을 난다.

길섶에
다소곳한
하얀 민들레
노랑나비 불러다
꿀 퍼주며
봄 사냥을 하는구나.

지평선 끝머리
아지랑이
아롱거리고
울 밑에 노란 민들레꽃에
흰나비 춤을 추며
보금자리 진을 친다.

달래 향기

용바위 골에
봄이 올라
밭두렁마다
달래 향기 진동해서
큰 애기 달래 캐며
콧노래도 구성지다.

산수유꽃
흐드러지면
진달래 개나리가
득세를 하고
산들바람은
품 안으로 스민다.

양지 골 언덕에
싱그러운 달래가
밥상 위에 올라와
식욕 당기면
입맛이 살아난다.

까치 소리

울 너머
기웃거리며
이웃 사정 점치는 까치
동구 밖 느티나무 앉아
마을 동정 살핀다.

미루나무 꼭대기에
둥지 틀어
새끼 치면서
한 세월 보내며
반가운 손님 온다고
깍 깍 깍 소식 전한다.

성큼 성큼 맨발로
눈밭 누비며
어정어정 다니는
동네 파수꾼
깍 깍 깍 상쾌한 소리
기다리는 사람 오나
궁금해진다.

그리운 친구

측백나무 울타리 너머
넓은 운동장
손수건 가슴 달고
코 흘리며 뛰놀던 시절
어제 같아서
무상한 세월 원망을 한다.

고무신 아까워
벗어 들고 맨발 십리 길
학교 가는 길목에
진달래꽃 따먹으며
히 히 덕 거리던 옛 친구
그리워 불러본다.

너럭바위 둘러앉아
팔씨름하다가
해 가는 줄 모르고
달그림자 밟으며
줄 서 오던 어린 시절
새록새록 생각난다.

왕대포

미루나무 가로수 길 지나
주막거리 선술집
사기그릇 술대접에
쇠스랑 같은 손가락 푹 담그고
도랑물 바위고개 넘듯이
꿀꺽꿀꺽 넘기면
세상이 깔보여
내 말 들어보라고
소맷자락 걷어 올린다.

왕대포 두어 대접에
발동이 걸려
남이야 듣건 말건
멋대로 맘대로 떠들어대다가
갈지(之)자 쓰며
넓은 길 좁다고 원망하더니
전봇대 끌어안고 통사정을 하는데,
눈치도 없는 새벽닭이
망신을 주면
개들만 동네방네
비상을 건다.

여름 바다

이글거리는 태양 아래
검푸른 여름 바다
파도는 기둥 넘어지듯 하고
갈매기 끼룩거리는데,
발바닥 간지러운 은모래 위에
인산인해 해수욕장
수없는 무지개 파라솔
물결 엎치락뒤치락 출렁이며
벌거숭이 피서객 안고
덩실덩실 춤을 춘다.

햇살 뜨거워
땀 흘리는 백사장
수평선 그 너머로
끊임없이 밀려오는 파도
하얀 물거품 물고
자지러지듯 사라지면
답답한 가슴 시원하게 열리고,

태양은 묵묵히
하루를 토하고 삼키며
찬란한 미래를 약속한다.

바닷가에서

삼천포 어물 시장

이리 오이소 와 보이소
구수한 사투리
삼천포 어물 시장
싸구려 불러대는 아줌마
발길 멈춘 아저씨
흥정 소리 요란하다.

비릿한 바다 향기
삼천포 어물 시장
숭어는 푸드득 수족관에서 놀고
전어 회 둘러앉아
장타령을 하는데,
갈매기만 끼룩끼룩
파도 속을 누빈다.

떠나는 남해 바다
구슬픈 뱃고동은 이별을 고하고
보내는 설움에 가는 사람 서러워
애절한 사연 남겨두니
삼천포 어물 시장에
비바람만 몰아친다.

백양사 가는 길섶

백양사 가는 길섶
붉은 감이 장을 보고
단풍이 내장산을 불태우면
주홍빛 가을은 무르익는다.

노란 은행잎
절 마당에 싸여서
마음은 울적해도
기도하는 대웅전이 붐비고 있다.

솔바람 부는 백양사
관광 인파 울긋불긋
장사진을 이루고
아름드리 갈참나무 우람하구나.

백양사 가는 길섶
실개천 개구리가 인사를 하고
고고한 역사 속에
흰 구름만 떠다닌다.

시골 풍경

고양이 새끼가 개 젖 빠는
밤나무 골
송아지 길길이 뛰고,
낮닭이 정오를 알리면
점심 함지박 논밭으로 나가는
시골 풍경 평화롭다.

퇴비장 뒤적거리던 검정 돼지
땅강아지 보고 히쭉 히쭉 웃고
담배 농사 아저씨
건조실 아궁이 불 지펴놓고
낮잠 자는데,
소나기는 월악산 넘어온다.

앞집 노처녀
뒷집 늙은 총각이
방죽 너머 만나서
말문 못 열고

침묵을 하는데,
청개구리 토란잎에 숨어서
조용조용 고백을 한다.

전통시장

와글와글 전통시장
싸구려 고등어 목 터지고
대장간 풍구소리
허 풍 허 풍 숨이 차는데,
덤 주고 깎아주는 상거래
푸짐도 하다.

그냥 주는 듯, (뭘 드릴가예)
흐뭇한 전통시장
시골 아저씨
선술집 대포 한잔에
너털웃음 터지고,
올망졸망 장바구니 속에
생활 상품 그득하다.

뻥튀기 마당에
옥수수 강냉이 흩어져서
비둘기가 퇴를 내고
욕쟁이 할머니도
좌판 펴고 앉았구나.

장항아리

뒷마당 장독대
소래기 뚜껑 열면
누런 황된장 하늘 쳐다보고
짭짤한 동양 냄새 퍼지는데,
맨 손가락으로 꾹 질러 퍼서
시골 맛을 본다.

청개구리 울고
문수봉에 비 넘어오면
장항아리 덮으려고
한달음에 달려가는
어멈의 가쁜 숨소리
하늘에 닿는구나.

한민족의 고유한 반찬
된장, 간장, 고추장, 김치
우리들의 건강 지킴이
이것 제쳐놓고
서양 음식 즐겨 먹으면
모진 병(病)만 불러들인다.

비둘기 부부

비둘기 한 마리가
조그만 모시통 채우려
뻥튀기 마당에 와서
납작 엎드려
흘린 쌀강정 성큼성큼
씹지도 않고
꿀꺽 꿀꺽 삼키다가
친구인지 남편인지 찾으러 갔다.

얼마 후
두 마리가 와서
구구 국 이야기하며
정신없이 쪼아 삼키는데
데리러 간 것은 분명 암비둘기
따라온 것은 브나마나 숫비둘기
더러는 아쉽고
때론 불만스럽지만
마음이 통하는 비둘기 부부
자나 깨나 그리운 건
뻥튀기 마당일 게다.

처녀 할머니

개포동 구룡 마을
비닐 판자촌
그 안 골목 막다른 집
하얀 고무신 한 켤레
달랑 놓여 있어
바스스 문 열면
백발처녀 할머니가
달그락 달그락 설거지한다.

북간도 움막서 태어나
두만강 건너와 살려 했으나
공산독재정치 지긋지긋해
목숨 걸고 38선 넘을 때
임진강 여울은 울었고
밤하늘의 별들이 인도를 해서
자유세상 찾아와
마음만은 편하다는
처녀 할머니
저승길 타박타박
가버렸구나.

거울

팽팽한 모습 사라지고
일그러진 얼굴 그 속에 있어,
지우개로 지우다가
수건으로 닦았는데,
화상은 매한가지
얄미워 얄미워도 거울만 보는구나.

허락도 없이
백발에 곰삭은 늙은이를
그 속에 그려놓고
덧없는 세월만 꾸짖어대는데,
흘러간 삶의 흔적
거울이 말해 준다.

어제 젊은 청년이
오늘 찌그렁이 얼굴로
히죽 히죽 웃고 있는 거울
사정없이 가는
세월은 말이 없고
잰걸음만 치는구나.

촛불

백설(白雪) 같은 몸매
힘차게 뽑아 올린 혈관
태워버리며
해맑은 불꽃으로
어두운 공간을 밝히는 촛불
뜨거운 열정 넘친다.

시위(示威) 광장에
열광의 도구가 되어
집회 분위기 북돋우는 촛불
집단행동의 선봉에 올라
군중의 마음을 자극(刺戟)한다.

벗어버린 하얀 몸통
정갈하게
스스로 희생하는 촛불이
기도하는 앞에서
소리 없이
불꽃을 피우고 있다.

빈 둥지

흰 수염 하얀 머리
젊음의 기념물
굽어진 허리 식은 손으로
뒷골목에 지팡이를 끈다.

벌거숭이 맨몸으로
세상에 와서
고목이 되었는데
아직도 거센 바람
피할 수가 없구나.

구름은 달 삼키고도
시치미를 떼는데,
별 주워 모아
보자기에 싸려고
몸부림치는 인생이어라.

빈 둥지에 알 모으듯이
아기자기한 삶으로
이생을 만들어왔는데,

이제 담쟁이 넝쿨처럼
울타리 휘잡고 늙어만 간다.

유럽 여행

실개천

실개천 돌다리 지나
신당리가 앞들인데,
개구리 수영하고
돌 틈에 가재 숨어 있어도
황소는 원앙 울리며
뚜벅뚜벅 내만 건너갔었다.

아낙들의 빨래터는
사라진 지 오래고
세월은 덧없이 흘러
실개천이 호수되어
유람선이 노래한다.

물레방아 돌던 시절
실개천이 동력이라
보리방아 찧어냈었고
피라미와 붕어는
황새 입에 물려
황천(皇天)으로 여행 갔었다.

갈대 바람

넘실대는 물결 넘어
갈대는 춤을 추고
물새 졸졸거리며
백사장 누비면서
정든 임만 기다린다.

높푸른 하늘 속으로
기러기 훨훨
남으로 올 때
갈대 바람 산 넘어와
단풍잎을 흔들어댄다.

밤나무 밭에
알밤은 살림을 나고
과수원 울타리 너머
능금 향기 진동하면
갈대 바람 불고 불어
시샘을 한다.

소쩍새(杜鵑두견)

소쩍 쿵 소쩍 탱
기쁜 소식 전하면서
목청 가다듬어 울고 있는데,
정든 사람 간 곳 없고
산울림만 구성지다.

삶에 리듬을 주는 햇살 지면
달님 정을 쏟아붓는데,
두견이는 별 헤아리며
날마다 밤마다
갈참나무 숲 속에서
울기만 한다.

팔랑 소 여울목에
무지개 박아놓고,
칠 선녀 내려와 목욕하는데,
소쩍새 울며불며
닷돈재를 넘나든다.

추억(追憶)

드넓은 호숫가에서
추억 더듬으니
동산에 뛰놀던 친구들
그리워지고
먼 하늘 구름 너머로
잊어버린 향촌 어른거린다.

해 그늘
지붕 넘어가고
어둑어둑하면
반딧불 춤을 추던 고향
추억으로 삼킨다.

새파란 청춘은
추억 속으로 사라지고
기념으로 남은 것은
흰 머리에 골 깊은 주름살
외로운 삶이
흘러갈 뿐이다.

묵향(墨香)

싸리꽃 흐드러진
밤나무 골에서
이슬방울 모아
먹을 갈아 붓을 잡고
묵향에 젖으니
구름 가듯 세월이 간다.

안개구름 걷히면
산봉우리 뜨듯이
해맑은 애기들 웃음 속에
묵향은 번지고
고사리손이 너무도 예뻐
하루해가 짧기만 하다.

불타는 황혼 속에서
흘러간 발자취
모두 지워버리고
묵향에 젖었는데,
어린이집 애기들이
발목 잡고 늘어진다.

2

옹달샘

바위틈에 졸졸졸 해맑은 식수
때마다 어머니가 머리 이고 왔었다.

오동나무 골

메추리 둥지 틀고
황새 춤을 추며
물소리 바위고개 넘는 곳
오동나무 골
옹기종기 모여 살던
다정스러운 이웃
웃음소리 담 넘어오면
복사꽃이 화려했었다.

고래실 무논에선
미꾸리 땅속으로 숨고
개구리 수영하는 곳
똥강아지 꼬리치며
주인 따라 살살거리는
등 머리 양지 밭엔
옥수수 한 길 커서
술렁이는 바람소리
풋풋한 풀냄새 풍기는
오동나무 골
아련하구나.

고향

세상 태어나 정들었던 곳
영원(永遠)히
댐 속으로 들어가
찾을 수 없고
농부는 기름진 땅을 잃고
강태공이 되었구나.

터덜터덜 귀향길
호수가 발목 잡고
호랑 바위 물에 잠겨
메기가 둥지 틀었는데,
외로운 물새들이
울며불며 반긴다.

내 고향 한수
굽이굽이 골골마다
뱃길 따라 돌아보니
새로운 풍류 반해
가슴 설렌다.

그리움

장자봉 떡갈봉 우람하고
돌 자갈 맨발로
공말, 역말, 문지강변 누비던
잃어버린 고향
그리움으로 달래본다.

용수꾸미 여울에
은어가 꼬리치면
명오 모래밭에선
자라가 알을 낳았다.

꽃 바위 나루터엔
유람선이 정박하고
출렁이는 호수는 인정이 없다.

머루 다래 영그는 불당 골
두견이만 슬피 울고
방골, 개론, 갈대밭에
뜸부기 둥지 틀던 곳
눈에 삼삼 어른거린다.

호수

호숫가에서
샛별 같은 눈을 감고
손가락 더 듬 어
고동치는 심장 만져보라
용궁 속으로 들어간 향촌
그리워 울먹이고 있다.

외로운 물새들
호수 위에 날면
천둥오리 두둥실
날개 춤을 추는구나.

무상한 세월 속에
호수는 말이 없고
이웃사촌 떠난 자리
구슬픈 뱃고동 소리
서글픈 가슴만 울리고 있다.

향수병(鄕愁病)

뿌연 흙먼지
일구며
장돌뱅이 트럭 지나가 오면
황강 오일장 와글와글 열리고
자반고등어 날개 단 듯
팔려 나갔다.

골골마다
낮닭이 한가로이 울고
반나절 해그늘
울 밑에 머물 때
뜸부기 둥지 틀던 곳
꿈에 어리어
향수병이 일어난다.

쟁기 걸머진 채로
황소는 풀 풀밭으로 달려가고
복슬강아지 달음질치던 곳
이제는 깊은 물속
눈에 삼삼 귀에 쟁쟁
향수병만 일어난다.

용궁 삼천리

눈 감으면 드넓은 초원
눈뜨면 검푸른 호수
용궁 삼천리

미루나무 꼭대기에
까치 새끼치고
호박꽃 피는 마을
역말 내 동네
용궁 삼천리.

월악산 물그림자
갈마봉이 손짓하고
물오리 두둥실 떠다니는
용궁 삼천리

강태공 졸던 자리
달빛 흘러내리는
그리운 향촌
용궁 삼천리.

달동네

진달래 개나리 피고
뻐꾸기 울면
그리워지는 달동네
아이들 웃음소리
자지러지던 곳
충북 바다 되었구나.

된바람 불던 날
이삿짐 걸머지고
달동네 떠나올 때
드견이만 서글프게 울던
허전한 오동 골
산새들만 울며불며
인사를 했다.

실도랑 가로막아
빨래하던 이웃사촌
물 들어와 흩어지고
달동네 살던 시절
잊지 못해 꿈을 꾸며
손가락만 더듬는다.

포장마차

뒷골목 작은 네거리
포장마차 선술집
부딪치는 한 잔 술
너털웃음 흘러나오면
한 잔 술에 정은 넘치고
서너 잔 마셨는데도
오직 한 잔 바다라
인심 후하다.

한 잔이 두 잔 되어
날 새는 것 잊어버리고
신발도 벗어버린 채
친구 등에 업혀올 땐
달빛에 눌려
휘청 휘청 하였다.

별 하늘이 도는데도
더 먹자 해서
눈물에 콧물 범벅
술 죽자, 같이 죽어,

길 위에 드러누워
코 잠을 잔다.

물레방아

그때 그 시절

아궁이 불 피우면
무쇠솥에 자주감자 익고
풋고추 된장 찍어
물 말은 보리밥
게 눈 감추듯 목구멍을 넘었다.

왕골자리 깔고
천자문 읽었는데,
펑펑 눈 오는 추운 겨울
문창호지 한 장으로
찬바람 막고
탁탁 타는 장작불 소리
무척이나 한가로웠다.

흐드러진 산나물
어머니 치마폭에 뜯어와
나물죽 쒀대고
쑥개떡 들고 자랑하다가
삽살 강아지에 뺏기고
울화통만 터졌었다.

한강은 알몸 수영장
모래밭에 씨름판 벌어지면
호미걸이 한 수에
모래만 한 입 물었는데,
해는 서산에 지고
빈 꼴짐에
달만 그득 지고 왔었다.

아주까리기름 태워
어둠 밝히며
보리타작 숨은 차고
걸친 삼베옷 땀범벅이 되어도
겨우 보리 한 가마
디딜방아 한나절에
보리 쌀 한 바가지
우리들의 유산이었네.

목화송이 피면
손톱 닳도록
씨 빼고 물레 돌려
무명 바지저고리

기워대던 어머니들
이제는 모두들 가시었는데
그때 그 시절 그리워진다.

향수(鄕愁)

손때 묻은 오두막집
어명(御命)으로 부서지고
문전옥답(門前沃畓) 용궁(龍宮)으로 들어가니
복받치는 설움에 눈물 삼키며,
터지는 한숨소리
물 건너갔다.

저리고 아픈 이주(移住)
꿈으로 더듬으니
호박전 나눠 먹던
인심 좋은 향촌
물속에 어른거리고
파도 외롭게 철썩거린다.

성황당 숲 속에
꾀꼬리 울고
고래실논에선
개구리 짝을 맺었는데,
검푸른 호수는 말이 없어
응어리진 가슴
답답하구나.

달빛

서늘한 달빛
풀잎 위에 내려앉아
은구슬처럼 반짝이는데,
부엉이만 홀로 울며
긴긴 밤을 지새운다.

갈참나무 숲 속에
청개구리 박박거리고
세상이 잠이 들어도
달빛은 청청한데,
풀벌레 소리가 고요를 깨면
달그림자는 문턱에 올라선다.

물안개 피는 강변에
희미한 달빛 흐느적거려도
냇물 유유히 흘러가고
궁노루 장등 올라
달 타령만 하다가
한숨 쉬고 넘어간다.

물레방아

방죽 넘어 물레방아
쿵덕 쿵 찧는 곳에
이웃 정 모이던 자리
참새 모여들어 조잘거리던 곳
방아는 간 곳 없고
물소리만 외롭구나.

물레방아 돌던 향촌
설화 같은 이야기들이
화롯불 뒤적였는데,
이제는 먼 옛날
전설같이 들리는구나.

고립지 산허리에
뻐꾸기가 울면
그리움만 서리고
물레방아 소리
귀에 쟁쟁 남아 있어
고향 사연 기다린다.

달래강

돌바위 넘어
목욕하던 달래강
농부는 땀을 씻고
섶다리 건너가면
양지말 황소도
목을 적셨다.

달래강 여울목
다슬기가 판을 치고
능수버들 치렁치렁
바람 따라 술렁이면
물새도 종종걸음으로
모래밭을 누볐다.

굽이굽이 달려강
수영하던 친구들 보이지 않고
황새 찾아와서
피라미만 건져내는데,
고라니 달려와
물만 먹고 갔었다.

강태공

산그늘 일렁이는 호수
지난날의 설화(說話)가
굽이굽이 숨어 있어
시리고 저린 가슴
향수에 잠겼는데,
강태공만 졸고 있다.

들판에 물 들어오니
온갖 물고기 득세를 해서
강태공 낚싯줄에
붕어 매달려
안달복달하는구나.

강태공 밤새워
호수 지키는데,
기죽어 떠난 이주민(移住民)
낯선 타향에서 오금이 조여
허덕이는 인생살이
고달프기 한량없다.

물안개

호수가 숨 쉬는 열기
자욱한 물안거
조심스러운 조각배
새벽 찬바람 맞으며
그물 던지는 시린 손
조용한 강 언덕
야생화 흐드러지게 피어
안개 속에 숨었는데,
파닥거리는 잉어가
푸짐하게 망태기를 채운다.

이슬은 잔디 위에서
은빛 보석으로 빛나고
한밤에 여울 울어
물귀신 오락가락
뱃노래 삿대질하듯
이름 모를 영혼들이 흐느끼는
물결 소리 잔잔한데,
찬란한 태양이 뜨면
햇살 머금고
물안개는 승천(陞天)을 한다.

옹달샘

쪽박으로 퍼마시는
산모롱이 옹달샘
바위 틈새 졸졸졸
해맑은 식수
때마다 어머니가
머리 이고 왔었다.

월악산 끝자락 마을
저녁연기 한가롭게 퍼지고
황혼 짙어질 때
방아다리 지나가면
마르지 않는 옹달샘
보물처럼 여기며 퍼다 먹었다.

옹달샘 언덕에
부엉이가 노래하면
큰 애기 동이 이고
물 길러 갔었는데,
옹달샘 흔적도 없고
파도소리만 서글프다.

강변(江邊)

여울이 울면
그리워지는 강변 마을
은모래 밭에
씨름판 벌어져서
빗장걸이 한 수에
모래만 한 입 물었었다.

출렁이는 물결 넘어
하늘 끝머리
뭉게구름 점점이 떠가고
강변 조약돌
침대 삼아 누워
풀피리 불었었다.

강변 모래밭에
물새가 울면
기러기 둥지 틀던 곳
이제는
유람선이 노래하며
풍류(風流)만 즐기는구나.

어부(漁夫)

찬물에 시린 손으로
그물 던지는 늙은 어부
드넓은 호수에서
푸짐하게
망태기를 채운다.

호수를 직장 삼아
조각배에 몸을 싣고
쏜살같이 달려가는 어부
손아귀에 잡힌 쏘가리만
안달복달하는구나.

물총새 입에 물린 피라미
하늘 멀리 달아나고
낚시 파르르 떨면
손맛 좋은 늙은 어부
달려 나온 붕어는
쪽배 바닥에서 파닥거린다.

여우가 울던 고을

산허리 안개구름
휘감아 돌고
실개천 졸졸 흐르는 곳
고라니 장등 넘어가고
산돼지 칡뿌리 캐면
여우가 울던 고을.

송아지 하늘 박차며
어미젖을 찾아가는데,
다람쥐 도토리 주워
흙 속에 묻어두고
빼빼이 치면
여우가 놀던 고을.

느티나무 그늘 밑에
낮잠 자던 노총각
해그늘 동산 넘어갈 무렵
쇠꼴 짐 짊어지면
여우가 울던 향촌
그리워진다.

부슬비

먹구름 속에서
조용조용 신선 오는 날
브슬비 소리 없이 오는데,
우산도 없이
삶의 현장으로 가고들 있다.

꼬부랑 할멈
꿈틀꿈틀 골목 나와
몰래 오는 부슬비 맞으며
집 나간 손자 기다리는데,
복슬강아지 매달려
허리춤 물고 늘어진다.

부슬비는 오다가
뻐꾸기가 울면
청명하게 비는 그치고
과수원 영근 사과
햇빛으로 포장한다.

인동꽃 향기

짜릿한 인동꽃 향기
동네방네 풍기면
콧잔등이 일그러진다.

방긋 웃는 인동꽃
골바람 일어나면
목에 걸고 자랑한다.

밭두렁 언덕에
인동꽃 흐드러졌는데,
박새 청새 모여들어
꽃 사냥해서
물고 가고 먹고 간다.

꾀꼬리 향기 취해
잰 울음 치다 말고
말문이 막혔는지
푸드 득 날아가면
소슬바람 달려와
인동꽃을 흔든다.

무명 저고리

무명 바지저고리
만들어주시던 어머니
좋은 세상 보지 못하고
하늘나라로 가셨는데,
옷가게에 싸인 상품이
옛날을 조롱한다.

안방에 베틀 차려
무명 옷감 짜서
밤샘 바느질
정성스러운 어머니 손길
하얀 바지저고리
우리들의 꼬까옷이었다.

일제 강점기에
목화송이 따다가
몰래 몰래
씨 빼고 물레 돌리며
청춘 서럽게 보내신 어머니
그리워 한숨 서린다.

보릿고개

보리죽 보리가 떡
끼니 때운 보릿고개
추억으로 삼킨다.

배곯아 서러운 시절
재 너머 하루갈이 밭에서
쓰러진 보릿고개
하늘이 뱅뱅 돌았다.

나물죽, 물배 채우고
어지러워 쓰러질 때
배부른 친일파들이
술 먹었냐 했었다.

초근목피(草根木皮) 먹을거리
칡뿌리, 소나무껍질로
허기 면한 보릿고개
아득한 옛날이야기
손자가 억울해서
라면도 없었냐고 되물어본다.

모닥불 연기

검붉은 황혼 서산마루 지고
강물도 여울 울릴 때면
모닥불 연기 피는
버드나무 골
누렁이 황소 풀 한 입 물고
모기떼를 쫓는다.

쑥 냄새 풍기는
한가로운 모닥불 연기
동네방네 퍼지면
아이들이 좋다고
울 넘어 춤을 추며
두 팔을 휘두른다.

평화로운 저녁연기
골 메워 퍼질 때
모닥불 연기도 한몫을 하고.
밤하늘에 은하수가 등 넘어갈 때
모닥불은 꺼지고
복슬강아지도 코를 곤다.

복숭아꽃

돌다리 건너
외딴 뒷마당
연붉은 고운 디소
복숭아꽃 잔치
아름답게 펼쳐진다.

분홍 저고리 뒤척이며
꿀 퍼내는 일벌
호랑나비 춤을 추며
복숭아꽃에 머물면
아지랑이 덤불은
소리 없이 아롱거린다.

낮닭이 한가롭게 울면
반나절 해그늘
뜰 밑에 오고
과수원 울타리 너머
연두색 복숭아꽃이
봄나들이 하는구나.

내 고향 역말

자갈길 털털대며
장돌뱅이 트럭 지나가면
달려 나간 어린 시절
복숭아 살구꽃이 흐드러지던
역말 내 고향
꿈에 어린다.

느티나무가 그늘 만들어
동네 사람 모이게 하고
칠월 호미시시 하는 날
아녀들은 손국수동이 이고 오고
탁주 한 바가지에
풋고추 술안주가 제격이라
너털웃음 터졌었다.

빈대떡 한 조각으로
이웃이 웃었고
달래강변 모래사장
늙으나 젊으나 힘자랑했는데,
모두 다 지난 이야기
그리움만 남아 있다.

월악산 비경(月岳山 祕境)

해맑은 물소리 청량하고
산새 우짖는 농바위 자락
노송(老松)은 용트림 치는데,
자연대 야영장엔
휴양객 와글와글
물놀이가 장관이다.

영봉 올라서니
발아래 멧부리 올망졸망하고
산허리 안개구름
산수화를 그린다.

빈신사지 석탑 고고하고
마애불 웅장해서
덕주공주 발자취 선명하구나.

신선 바둑 두는 학소대
숲 속에 두견이 울고
구름이 감싸는 말마봉
독수리 맴도는 절벽 아래
야생화 흐드러지게 피어 있구나.

3

흙

흙 속에 씨앗 넣으면 흙은 열매를 선물하고
흙 위에 둥지 틀어 한세상 살다가
흙으로 돌아간다.

호박꽃 피는 마을

돌다리 건너
호박꽃 피는 마을
산새 소리 벗 삼으며
한세상 보낸 이웃사촌
만날 수 없어
그리움으로 달랜다.

아이들의 웃음소리
자지러지고
복슬강아지
싸리문 앞에 누워
빈집 지키는
호박꽃 피는 마을

젖 부른 암소
송아지 찾아
고래고래 소리치고
갈참나무 숲에서
매미 처량하게 노래하는
호박꽃 피는 마을
눈에 어린다.

콩청대 밀청대

동산마루
갈잎 흐드러지면
보릿고개 찾아와서
두런두런 친구들 모여
너럭바위 둘러앉아
콩청대 밀청더로
해 지는 줄 몰랐다.

옹기종기
삶의 터전
화전 밭 귀퉁이에
콩청대 밀청대가
도깨비를 만들었었다.

모래밭
씨름판에서
힘자랑하던 곳
콩청대 밀청대 하다가
빈털터리 꼴짐 지고
달그림자 밟으며 집으로 왔다.

흙

땅 속에 뿌리 내린
채마밭에서
흙 한 주먹 다져 쥐니
고향 냄새
물씬 풍긴다.

들판에 정이 붙어
호미 자루 손목 시고
흙 위에 땀 뿌리는 일꾼
번쩍이는 괭이질
그윽한 향기
몸에 배어 흥미롭다.

흙 속에 씨앗 넣으면
흙은 열매를 선물하고
흙 위에 둥지 틀어
한세상 살다가
흙으로 돌아가는데,
흙의 고귀함을 모르고 산다.

두메산골

망개나무 갈참나무가
골바람에 울고
나무진찰 딱따구리
퉁탕거리며 소란 떠는데,
머루 덤불 숲 속에서는
산토끼만 잠들었구나.

실도랑 졸졸거리고
용트림 치는 칡넝쿨
하늘 가려 으슥한데,
아슬아슬한 절벽 위에
독수리 진을 치며
망 보다 해는 진다.

잣나무 송진 냄새
짜릿하게 풍기는데,
장등 올라선 고라니는
코만 실룩거리고
산새 우짖어서
고요함을 일깨운다.

덕상골 마을

방아다리 건너
덕상골 마을
산허리 걸친 안개구름
산수화를 그리는데,
서리밭에
들국화 활짝 웃었다.

설익은 가을 햇살 빛나면
단풍이 장관이고
코스모스 활짝 웃어도
일손 달려 보지 못하는데,
청설모만 놀고 있는
덕상골 마을.

다람쥐 재주 부리고
제비 강남으로 가서
하늘 속 기러기
조잘거리며 찾아오는
덕상골 마을이
그리워진다.

복슬강아지

귀염둥이
복슬강아지
생글생글 웃으며
길길이 뛰는 인사에
장닭도 샘이 나서
뒤뚱뒤뚱 달려 나왔다.

주인 따라 껑충껑충
캄보이하고
죽인대도 아랑곳 않고
낯선 사람 골라
아우성만 친다.

눈치도 빨라서
복종으로 일관하는
복슬강아지.
든든한 호위병
머슴이 따로 없다.

반딧불

감꽃 향기
진동하는 밤이면
반딧불이 춤을 추었다.

도깨비가 씨름하는 날
개구리는 신명 나고
반딧불이 불을 켰다.

먹구름 하늘
우당탕 울면
두꺼비 엉금엉금 기고
반딧불만 깜박이었다.

반딧불이 반짝이면
꼬리 감추는 똥강아지
철부지 아이들은
반딧불 따라서
산 고개 넘어갔었다.

삼복(三伏)

초복, 중복, 말복
이글이글 태양이
지구를 녹일 것 같은 삼복
매미도 숨이 차서
찌-룩 찌-룩 우는데,
삶의 현장에선
땀으로 목욕을 한다.

삼계탕 바글바글 끓으며
여름 삶아대면
똥강아지는
수채 구멍 빠져 줄행랑치고
청개구리는 풀숲에 숨어
일기예보를 했다.

느티나무 그늘에서
장기와 바둑이 놀다가
불덩이 태양이
서산 넘어가면
서늘한 달빛으로
삼복 때웠다.

천둥소리

하늘이 우당탕 우는
천둥소리
천지가 부서지고
짜개지는 듯이
으르렁거리면서
박살내는 듯하다.

번갯불이 무시무시해서
죄 지은 천성 개비는
벌벌 떨다가
삿갓 속에 숨었고,
고목만 억울하게
날벼락 맞아 죽었다.

천둥이 울면
소나기 지나가고
먹구름 도망간 뒤
세상은 고요해지는데,
인간은 고래고래 탐욕을 낸다.

양심(良心)

바른 정신
고운 마음
올바른 행동
시기심과 욕망 버리고
떠도는 구름같이
말없이 살면서
믿음으로 사랑을 주면
세상이 평화로워진다.

사악한 소리
흘려보내며
두 번 생각하고 한 번 말하면
산처럼 무거운 입
바다같이 넓은 도량으로
베풀면 좋은 것
뒤틀린 양심 바르게 고쳐
긍정적으로 살자.

지렁이의 발악(發惡)

주룩 주룩 비오는
아스팔트 길가
지렁이가 누워 있다.
눈도 코도 보이지 않는 것이
서서히 미끄러지듯 움직이며
안간힘을 써보지만
갈 길은 멀기만 하고
지나가는 발에 차여
뒤틀며 발악을 한다.

습기 찬 땅속에서
흙 퇴비 뒤집어쓰고
한세월 보낼 땐
행복했었는데,
하늘과 땅이 비로 연결하는 날
세상 구경 나왔다가
구름에 속고 장마에 울며
인간에 천대받아
몸부림만 쳐댄다.

말매미

마구 흐르는 땀
뒤틀어 짜며
맴맴 맴-맴맴 맴- 찌르르
우주 본질의 소리로
짝을 찾는다.

장구한 세월
땅속에서 보나고
한여름에 나온 말매미
자연 소리 그윽하다.

갈참나무 숲에서
산바람 불어오면
말매미는 신명이 난다.

주룩 주룩 소나기 맞으며
죽은 듯이 숨었던 말매미
훌훌 허물 벗어
가죽나무에 걸쳐놓고
벌거벗은 알몸으로
엉덩이 춤추며 노래 부른다.

패랭이꽃

외진 산모퉁이
이름 모를 묘전에
패랭이꽃 홀로 피어
비오면 비에 젖고
바람 불면 부는 대로
한세월 보내고 있다.

돌 바위 틈새로
예쁜 자랑하더니
솔바람 억센 소리에
무안을 당해
보랏빛으로 변했나 보다.

산새 소리
귀담아 익히며
임 오실 날 기다리는 패랭이꽃
비로봉 그 너머
구름이 태양을 가로막아도
야들야들하게 웃고만 있다.

복조리

그때 시골에는
대나무 조리가 아쉬운 시절
복조리 장수
중풍 들린 할아버지 향해
복 사라고 소리쳤었다.

욕쟁이 할머니가
조용조용
설거지하는데,
복조리 아줌마는
자기 복도 못 받으면서
복을 팔고 갔었다.

정월 초하루
집집마다
복조리 던져놓고
이웃 복을 비는데,
쌀눈이 펑펑 와서
부잣집을 만들었었다.

초승달

부엉이 잰 울음 치며
둥지 트는 산마루에
실 눈 썹
초승달
어스름 잠이 든다.

풍악산 끝머리
해는 지고
쪽배 초승달이
고개 넘어 숨는데,
별들만 반짝이며
한강에 머무는구나.

어둑어둑 서산머리
올라앉은 초승달
세상을 잠재우고
은하수 말없이
하늘 속으로
흘러만 간다.

별

하늘이 검은 장막을 치고
금강석 깔아놓으면
싸늘한 별 그릭자
반짝이는데,
세상은 고요해진다.

어두운 밤에
별빛 총총하게 흐르면서
별똥 쏜살같이
불덩이로 달려가고
누워 있는 황소가
긴 밤을 지새우기도 한다.

자리 지키는 북극성
국자 잡은 콩죽 할멈
나귀 등에 장군 별이
신명 나게 웃고 있어서
가물가물한 우주 속으로
올라가고 싶구나.

산행(山行)

갈참나무 흐드러진 틈새로
반쪽 하늘 열리고
얼룩 스타킹 줄 지어 오르는
젊은 등산객
바위산 올라 야호 소리 우렁차니
신선이 따로 없다.

산바람 가슴 저리고
고개 넘어가는 사슴도
숨 차는 산행
장등 올라
사방 바라보니
올망졸망한 산야가 신비스럽다.

골짝마다 물소리 고고하고
산새 소리 메아리치는데,
옛 선열들의 발자취
성벽이 장관이라
쉬엄쉬엄 오르막 산행
공기도 달콤하다.

송아지

바람이 갈대숲을
뒤흔들면
송아진지 망아진지는
어미젖 물고
머리통을 올려친다.

제바람에 신명 난 송아지
뒷다리 하늘 곽차며
세상으로 달려가고
어미 소는 흥얼흥얼
누렁이 새끼만 불러댄다.

양지 언덕에
낮잠 자던 송아지
이따금 젖 생각나
목메 울면
산울림이 대답하고
어미 소는 쟁기 끄느라고
목이 빠진다.

고무서리 계곡

실도랑 졸졸거리고
억새 춤을 추며
깎아지른 절벽 틈에
올빼미 둥지 틀어
한세월 보내는
고무서리 계곡이 꿈에 어린다.

바위 틈 새는 물
간장이 서늘한데,
고라니는 장등 넘어가고
우거진 숲 속에
산돼지 진을 치는
고무서리 계곡 삼삼하구나.

박달나무 사이로
휘영청 달이 밝고
깊어가는 밤에
물소리 바람소리 그윽한
고무서리 계곡이
그리워진다.

월악산 고무서리 계곡

진부령 고개

진달래꽃 흐드러지면
어머니가 그리워지는데,
굽이굽이 한숨짓던
진부령 고개
새들도 인사하며
숲 속을 넘나든다.

차들도 숨이 차서
고래고래 소리치는
진부령 고개
부엉이 노래하며
설악산으로 들어간다.

산허리 안개치마 두르고
골골마다 넘친 사연
노송(老松)은 뒤틀려 울창한데,
선선한 바람 부는
진부령 고개 넘으니
속초 앞 바다가 출렁거린다.

노인(老人)

세월(歲月) 가면
절로 늙어지는 법
주름 잡힌 얼굴에 굽어진 등
지팡이 짚으면
다리는 셋이 되어
느릿느릿 종착역으로 갈 뿐이다.

성형수술 멋 부려도
어차피 죽으면
썩어지는 것,
청춘은 노인이 되는 서글픈 과정
고목은 속이 비어도
새들이 둥지 틀지만
사람의 말로는 외롭기만 하다.

늙은이는
젊음의 산물
저절로 눈 어둡고 귀먹어
엉뚱한 소리만
중얼중얼하면서
저승길로 가는 것이 노인이다.

칡뿌리 유산(遺産)

칡뿌리 수제비
소나무 송곳
쑥개떡 나물죽
우리들의
유산(遺産)이었다.

겉보리 한 가마
숨겨놓으면
일본인들보다 더 설치는
친일파들이
몽둥이 휘두르며
찾아내서 가지고 갔다.

고추장에 꽁보리밥
꿀맛이었고
무명 바지저고리
보물같이 여기껴
짚신 아니면 맨발로
농사일하면서
콩 한쪽도 나누 먹고 지냈다.

태양을 삼켰다 토하는 바다

수평선 저 멀리
바다가 태양을 토하면
숭어는 어선 바닥에서
파닥거리며 춤을 추고
어부는 만선의 기쁨으로
입항을 한다.

파도 밀려와
옥자갈 골라놓으며
흰 거품 물고 죽을 때
바다는 태양을 삼키고,
갈매기만 끼룩끼룩
석양 바다를 누빈다.

태양을 삼켰다 토하는 바다
해변 모래밭에
물새 한 마리 종종걸음 치고
구름 점점이 떠가는데,
구슬픈 뱃고동 울리며
생활을 만들어낸다.

무너진 돌담

무너진 돌담 너머로
쑥대 한길 커
빈집을 지키는데,
도둑고양이만
판을 치고 다닌다.

인적 없는 외로운 오동 골
돌담 무너져
멋대로 뒤뚱굴고
떡갈봉 기슭에
진달래꽃만 화려하구나.

댐이 만든 폐허의 향촌
옛집 터에
낚싯배 달아매니
소슬바람 소리 없이 흐느끼고
조상의 묘소만
덩그러니 남아 있구나.

장터

시골 오일장
고사리 산나물이 득세를 하고
대장간 풍구소리
한가로운데,
붉은 닭은 신나게 울기만 한다.

장터 한 모퉁이
똥강아지 안고 와서
흥정하는데,
서산 너머 해가 져서
강아지는 집에 가자고
눈물에 콧물 흘리며
끙끙거리고 있구나.

콩 자루 고추 포대
장돌뱅이 흥정하고
막걸리 한 사발에
판을 깨더니
달그림자 깔고 누워
술 약 먹고 죽었구나.

검정 고무신

양말 대신 버선
구두 대신 짚신
우리들의 유산이었다.

해방 되면서
검정 고무신 배급 나와
선반 위에 모시다가
추석이라 신었는데,
동구 밖도 못 가
창이 났었다.

검정 고무신 신고
귀족인 양
허세(虛勢)도 했었다.

검정 고무신
아끼느라고
벗어들고 삼십 리
맨발로 학교 가며
짐승같이 살았었는데,

그래도 그 시절이
그립기만 하다.

돌배나무 아래서

땀에 젖은 베적삼
검게 탄 얼굴
어머니 모습
아련한데,
구름 같은 돌배꽃만
화려하구나.

벌 나비 춤추며
돌배꽃을 포옹할 때
서쪽 새 잰 울음치고
독수리 말마봉 돌며
세상 구경 하는구나.

개구리 물장구 치고,
까치 집 짓는
돌배나무 아래서
사색(思索)에 잠겼는데,
소슬바람 등 넘어와
가슴속을 파고든다.

4

야생화

야생화 피고 질 때 뻐꾸기가 노래하고
들꽃이 화려하면 종달새가 지지굴 거린다.

十月清霜重芳佳色
松谷鄭龍雲

가을 풍경

풍성한 들판에
오곡 알알이 여물고
제비는 강남 갈 채비에 바쁜데,
고추잠자리만 신명 나는
가을 풍경 속에
농부는 동동 걸음만 친다.

서리는 풀숲에 몰래 오고
산 넘고 강 건너
기러기는 오는데,
우수수 지는 낙엽 따라
가을은 깊어진다.

구절초 꽃 피는 언덕에
두견이는 슬피 울고
모래밭에 물새도
종종걸음 바쁜데,
노을 짙어지면
가을 풍경 화려하다.

단풍

산허리 골골마다
곱게 물든 단풍으로
연못이 불타면
술렁이는 금붕어도
가을 맛을 보는구나.

내장산에 가을이 올라
단풍으로 황홀하고
득실거리는 관광객
세상을 잊었는데,
멋도 모르는 산비둘기
구 구 국 울고만 있다.

호박도 누렇게 늙어
지붕 위에 누워 있고
감나무 위의 홍시가
단풍 속에 숨었는데,
해맑은 가을빛이
포장을 한다.

귀뚜라미

고요한 밤에
통곡하는 귀뚜라미
혼백들의 울부짖음 속에
달빛만 청량하다.

찬 서리 밭에
찌르륵 찌르르 귀뚜라미
뜰 밑에 흐느껴서
강아지도 잠을 설친다.

창가에 숨어
속삭이는 귀뚜라미
한밤을 지새우며
서글프게 노래만 한다.

귀뚜라미는 소리하다가
장닭 입에 물려
황천으로 가버렸다.

밀감

바다 건너 훈훈한 바람
밀감 밭에 맴돌면
새콤달콤한 맛
제주도 향기 돌고
예쁜 포장 그득 담아
이국 같은 육지 서울
비행기 타고 날아와서
가겟방에 나란히 앉아
주인 오기만 기다린다.

일제 강점기 시절엔
왜놈들만 먹었는데,
이제는 지천으로 싸여서
지나간 이야기들이
꿈만 같은데,
어제 제주도 밀감 밭에서
오늘 인천 과일 가게 진열되어
시도 때도 없이
맛볼 수 있는 밀감
참 좋은 세상에
살고들 있다.

야생화(野生花)

야생화 피고 질 때
뻐꾸기가 노래하고
돌 자갈 틈새에
들꽃들이 화려하면
종달새가 지 지 굴 거린다.

고개 숙인 야생화
바람이 어루만져주고
햇살 먹으며
고운 자태 뽐내면서
계절 따라 아름답다.

오만 가지 야생화
너무도 아름다워
나비는 춤을 추며
꽃 잔치를 하는데,
한 아름 가슴에 안으면
향기가 짜릿하다.

싸리꽃 피는 언덕

해그늘 동산 넘으면
저녁연기
한가로이 퍼지고
밭두렁 언덕에
하얀 싸리꽃이
구름같이 피었었다.

꾀꼬리 노래하는
월악산 끝자락 마을
황혼 짙어지면
유난히도 싸리꽃은
화려했었다.

싸리꽃 피는 언덕
내 살던 곳
부엉이 슬피 울며
긴 밤을 지새웠는데,
이제는 댐 그 속에 있어
서글픔만 도사린다.

무궁화

외세에 무너졌던 겨레
한 많은 민족
응어리진 가슴에
곱게 피는 무궁화

금수강산 방방곡곡
굳세게 피어난 무궁화
일제 강점기 시절에도
화려한 자태 뽐내고 있었다.

기구한 역사 속에서도
빛 고운 몸매로
한반도 구석구석 앉아
피고 지고 했었다.

망우리 팽팽 부풀려지면
봉오리 터지는 소리
탁탁 튀는 동포들의 함성인 듯
골골마다 번지고 있다.

고추

밥상 위에 동양과자
고추밭이 장관이고
진초록 풋고추가
늙어지면서
빨간 옷 갈아입고
천 리를 간다.

해맑은 햇빛
쏟아지면
고추 멍석에
가을이 오르고
제비도 한몫 끼려
빨랫줄에 모였구나.

홍고추 시장에
장돌뱅이 소리치고
푸짐한 식당마다
얼큰히 속풀이 찌개
땀 흘리는 고춧가루
우리들 먹거리다.

낙엽 침대

오동잎 우수수
떨어지면
창밖이 서글프고
낙엽은 싸여
자연 침대 만든다.

싱싱했던 나뭇잎이
된서리 맞고 떨어지니
앙상한 나뭇가지만 남아
벌벌 떨고 서 있어도
낙엽 침대 위에서
다람쥐는 꿈을 꾼다.

잣나무 송진 향기
진동하는
산자락 언덕에

산돼지 깔고 덮고
코 잠을 잔다.

늙은 호박

호박 넝쿨
울타리 타고
복음자리 쳐서
애호박 열리더니
해 가고 달 지나가
늙은 호박 되었구나.

돌담 너머 해바라기
그림자
장독대에 오르면
가을이 영그는데,
늙은 호박
돼지우리 지붕 앉아
멋 자랑만 하는구나.

탐스러운
늙은 호박
밭두렁에 누워
주인 망을 보는데,
이웃사촌 불러다
가을을 딴다.

부슬비 오는 밤거리

부슬비 오는 밤거리
우산도 없이
축축하게 맞으면서
발걸음 더듬어
복음자리 찾아간다.

가로등 졸고 있어도
기적(汽笛)은 산 넘어오고
퇴근하는 젊은이들이
부슬비 오는 밤거리에서
물먹은 솜바지가 되어
흐느적거린다.

부슬비 오는 밤거리에
미끄러져 달려가는
자동차의 생활 리듬
속삭이는 삶의 밀어(密語)
아늑하게
그리고 복잡다단할 뿐이다.

자연의 활기(活氣)

꽃은 벌에게 꿀을 주어 새끼를 치고
거미는 바람으로 기둥을 세우며
개미는 스스로 땅굴에 식량을 저장하는데,
여치는 달빛 아래 노래만 한다.

다람쥐 밤나무 아래
알밤 줍고
물은 제길 따라 흘러가면
바다는 말없이 받아들인다.

대자연의 활기
해는 달을 남기고
달은 해를 불러와서
만물을 소생시켜 준다.

당신도
해맑은 공기로 숨을 쉬며
제멋대로 살다가
자연으로 돌아간다.

농촌(農村)

부엉이 구슬피 우는
밤나무 골
경운기 오솔길 따라가고
콩밭에 산 꿩이 살살 기는 농촌.

미루나무 그림자
실도랑 건너오면
풀 뜯던 누렁이 소 집 찾아가는
농촌이 그리워진다.

참새 떼 몰려와
짹 째굴 거리며 소란 떨다가
후루룩 날아가는 두메산골.

야생벌 바위틈에 둥지 틀어
석꿀 따기에 바쁜데,
양지 바른 화전 밭에
일손 바쁜 농부들이
비지땀 흘리는 농촌
생생하게 떠오른다.

무심천(無心川)

재두루미 깃털 뽑아
붕어낚시 신명 나고,
어정어정 황새 다리
개구리 하나 꺼내서
태기 치는 무심천.

온갖 시름 가진 푸념
흘려보내는 무심천에
피라미 물장구치는데,
새우랑 치어들은
발가락만 쫘댄다.

무심천 방죽에는
벚꽃이 만발하여
인산인해 이루고
개나리 흐드러지면
나 보란 듯 너 보란 듯
노랗게 물들어서
쪽빛 하늘가에
봄바람이 윙크한다.

양주동 마을

미륵바위 너머
산토끼 코 잠들고
알밤이 시집가는 양주동 마을
가죽나무 사이로
햇살 쏟아지면
할아버지는 지팡이를 끈다.

너럭바위 올라타
미끄러지는 실개천에
여울이 울고
구름은 문수봉에 쉬는데,
독수리 망을 보는
양주동 마을이 어른거린다.

양주동 마을

실도랑 돌 틈에
가재가 놀고
개구리 담방구질 하면
피라미는 물총새에 물려
긴 여행을 떠나는
양주동 마을이 그리워진다.

참새들의 합창

찔레 덤불 속에
참새 떼 모여
모시통이 비었어도
신바람 나서
짹 째굴 짹 째굴
합창을 했다.

눈밭에 덮치기 만들어
세월 낚던 어린 시절
참새 떼 짹 째굴 거리며
진을 치면
추운 줄도 모르고
참새만 따라다녔다.

초가지붕 끝머리
참새가 둥지 틀어 한밤 새울 때
꾸러기 청년들이
잡아 쥐고 흔들어도
짹 째굴 짹 째굴
합창만 했었다.

산딸기

하늘재 고갯마루
산딸기 알알이 익으면
꾀꼬리가 따먹고
구슬 같은 청을 뽑아
한바탕 노래로
보답을 한다.

골골이 외진 길섶
알알이 빨간 열매
달콤한 냄새
산딸기가 득세를 하고
방울새도 한몫 끼어
맛 자랑을 하는구나.

산딸기 무르익으면
궁노루가 퇴를 내고
꿀벌도 올라타
빵빵이 치는데,
산새들새 모여들어
회식을 한다.

풀벌레 소리

바람이 숲을 지나
고갯마루 넘어가면
끊어질 듯 말 듯
간간이 이어지는 풀벌레 소리
귓전 쟁쟁 울려
호젓한 맘 달랜다.

나무 위에 올라앉아
울기도 하고
갈대숲을 누비며
씨룩 씨룩 풀벌레 소리
귀에 담으니
인생이 외롭구나.

눈 감아 명상에 잠기면
초록 들판에
홀로 우는 풀벌레 소리
처량하게 들리는데,
사시나무 잎은
파르르 떨기만 한다.

새옹지마(塞翁之馬)

길흉화복(吉凶禍福)이
변전(變轉) 무상(無常)하여
예측하기 어려운데,
네 탓 내 탓 따지다가
이웃사촌 물 건너가고
물 위에 기름 돌 듯 외톨이가 되는데,
돌이킬 수 없는 세월
속절없이 가는
세상만사 새옹지마(世上萬事 塞翁之馬)[1)]
양심대로 살아보자.

삶의 현장
피땀으로 다듬어지고
꿈같은 인생살이
모두가 고된 몸들
땅이 알고 하늘이 보니
고운 마음으로
그럭저럭 사시구려.

---

1) 새옹지마(塞翁之馬) : 인생의 길흉화복은 예측하기 어렵다.

바람

하늘 찌르는 돌풍(乭風)
빗발치는 우풍(雨風)
하염없이 울부짖는 문풍(門風)
정치 바람 몰아치니
모두가 마이동풍(馬耳東風)
제 잘난 멋에 살고 있다.

사노라면
계절 바람 몹시 불어
생활이 어려워져도
꿋꿋하게 버티라고
들바람이 살랑거린다.

산바람 강바람 일면
일꾼은 땀을 씻고
이웃 사정 골고루
경제 바람 불어서
사각지대 열어주면
너와 나의 웃음 바람에
삶이 살찔 게다.

낙화(落花)

비구름 몰려오면
억수 소나기 쏟아지고
꽃은 떨어져서
바람에 나부껴도
알알이 맺은 인연
대롱대롱 열매로 새끼를 친다.

대자연의 운치
휘날리는 낙화
인생도 그와 같으니
팔팔한 청춘도
속절없이 낙화되고
노년에 서글픔만 남을 것이다.

꽃 속에
꿀단지 만들어
벌 나비 호식을 하고
인사도 없이 가버리면
땅 위에 낙화되어
흉한 꼴을 보인다.

어시장(魚市場)의 운치(韻致)

꿈틀 꿈틀 움직이는 바다
마침내 쏴- 철썩 하는
어설픈 소리치며
밀려오는 파도
끼룩거리는 갈매기,
칙칙한 비린내 물씬 풍기는
어시장의 운치
싸구려 사투리 반해
횟집 문턱 넘어가고,
검붉은 황혼 불타는데,
손님 맞는 아우성 소리
포구의 푸짐한
인심이 살아난다.

반짝이는 별빛이
항구에 내려 깔리면
만선으로 즐거운
어선의 깃발은 나부끼고
오징어의 검은 먹물이
수족관에서 방사를 할 때

오이소 와 보이소
어시장의 구수한 소리
자장가처럼 들린다.

길

길 위로
행복과 불행이 지나가고
기쁨과 슬픔이 교차되며
눈이 오면 눈길
비가 오면 빗길
어두운 밤길
밤낮 없이 인생이 지나간다.

푸짐한 상품이 오고 가며
생활의 젖줄이 되어
길에서 길로 연결하는
나라의 대동맥
그리운 만남으로 이어진다.

길은 인생 나침반
세계로 미래로 뻗어 나가는
문명의 받침대
세상의 문을 열고
활기차게 움직이는
기반이 된다.

돈의 위력(威力)

그림종이 차곡차곡
지갑 속에 감춰두고
시장에 가면
숨었던 돈이
햇빛을 본다.

돈 있으면 든든하고
없으면 허탈한 것,
인생을 좌지우지하는
돈의 위력 때문에
때 묻은 돈을
깊이깊이 간직한다.

할아버지 쌈지
아주머니 가방
아저씨 호주머니 속에서
빠드득 소리 지르며
튀어나오면
생활이 만들어진다.

무료 국수

공원 어귀 무료 중식 주는 곳
중풍 맞은 할아버지
수염은 대자지만
국수 한 그릇 들고
사시나무 떨 듯해서
사발 장단만 치는구나.

보릿고개 넘어올 때
나물죽으로 살아왔는데,
늙어 불구되니
몸 가눔 못해
국수 한 그릇
반은 먹고 반은 흘린다.

육신 벌벌 떨어도
정신 그대로 살아 있어
지나간 세월이
그림자처럼 지나가서
무료 국수 한 그릇 들고
소리 없이 울고 있다.

용호사(龍虎寺)

찬바람 불면
낙엽 바스락 굴러가고
고개 넘어온 기적(汽笛)소리가
용호사를 외롭게 만드는데,
삭발 승녀는 목탁 치고 염불하며
온갖 번뇌(煩惱)를 지워버리고 있다.

새소리 물소리
바람소리 그윽한
우암산 기슭 용호사
대웅전에서 소원 비는 신도들
정성이 가득하다.

참나무 숲 속에
두견이 구슬프게 울고
지는 해 그늘 장등 넘어가면
황혼에 불타는 서쪽 하늘
용호사에 종소리만
은은하게 퍼진다.

에펠탑

프랑스 파리
에펠탑에 올라
세느 강을 바라보니
온갖 사연 실은 유람선이
한가롭게 거슬러 가며
파리 중심부를 가로지른다.

구스타프 에펠 공예가가
수만 개의 철골로
에펠탑을 만들어
세계에 자랑하는
인류 문명의 고고함이
도사리고 있음을 본다.

프랑스의 삶을 살펴보니
나폴레옹 3세가
세상을 지배했던
서유럽의 역사가 담겨 있는
루브르 박물관에서
옛날로 돌아간 감회가 든다.

5

사랑의 열매

자나 깨나 자식 생각 사랑의 열매
가슴 깊이 자리 잡은 근심 덩어리

鶴松
千年
壽福
松谷

9월의 햇살

살포시 미소 짓는
9월 햇살 반짝 뜨면
키다리 미루나무 그림자
개울 건너오고
여울은 울며불며
기러기를 마중한다.

따사로운 9월 햇살
이슬 삼키며
들판에 머물면
오곡은 무르익어
풍년을 기약한다.

9월 햇살에
말은 살이 찌고
산비둘기 구구 국
동구 밖을 맴도는데,
코스모스 활짝 피어
가을 바람에 춤을 춘다.

청개구리

갈참나무 잎에
납작 붙어서
일기예보 하는 청개구리
지렁이 하나 물고
풀숲으로 숨는다.

꼬부라진 할멈
쇠스랑 같은 손으로
손목 시어 김을 매면
청개구리 울며불며
위로를 한다.

햇빛 쏟아지는
배추밭에
엉금엉금 기는 청개구리
박박거리며 울다가
어미인지 애비인지
찾으러 갔다.

다람쥐

문수봉 허리에
부슬부슬 가랑비는 오는데,
알밤이 해산(解産)을 하면
쪼르르 달려가는 다람쥐
밤 한 톨 찾아
뱅 뱅 돌리다가 세월 보낸다.

도토리 후 두 둑
땅 위에 굴러떨어지면
찬 이슬에 맨발로
허둥지둥
참나무 아래 머문다.

산중에 고요를 깨며
바스락 지나가는 다람쥐
엉성 바위 올라앉아
잣송이 까서
호식을 한다.

느티나무

동구 밖 느티나무
속 빈 강정 되었는데,
그 속에 그 안에
뻐꾸기 둥지 틀어 털 새끼 까서
애지중지 아등바등
입맞춤 먹이로
통통 살이 찌는구나.

삼복지경 더운 여름
느티나무 숲 속에
매미는 청을 뽑아 흥을 돋우고
동네방네 쉼터 되어
늙은이 젊은이가
낮잠을 잔다.

성황당 언덕에
천년 묵은 느티나무
오가는 길손들도
절을 하고 지나가는데,
샛바람 달려와
세상 풍자 하는구나.

도라지꽃

두물 머리 언덕
도라지꽃의 향연(饗宴)
이슬방울 머금고
봉오리 망우리 부풀어지면
탁탁 터지는 대지의 축포 소리
그윽한 도라지꽃의 함성

자주색 도라지꽃엔
호랑나비 찾아와 포옹을 하고
하얀 도라지꽃에
흰나비 날아와 입맞춤하는데,
야생벌 눈치도 없이
꿀 사냥을 하는구나.

구름이 별 삼킬 때
달빛 강물처럼 흐르고
산허리 골골마다
도라지꽃 만발하면
두견이 노래하며
긴 밤을 지새운다.

낙수(落水)

궂은 비 오는
어두운 밤거리
축축하게 젖은 길
첨벙첨벙 발 더듬어
외로운 산장에 앉아 있으니
두 두 둑 낙수 소리
처량하구나.

기적도 목메 울고
소나기 쪽박으로 퍼부어
양철 지붕에서
소란 피우다가
처마 끝 파던 낙수
실개천 버리고 바다로 간다.

오솔길 재 넘어
다랑논 수멍 열어놓고
비 오는 날 술 참이라
낙수소리 음미하다
꿈나라로 갔는데,

반짝 햇살이
창문 열고 들어온다.

들국화

별 하늘이 싸늘하면
서리는 풀잎에 오는데,
손 시린 새벽
물안개 피어오르는
호수 언덕에
들국화만 흐드러졌구나.

갈대바람 불면
들국화 활짝 피어
가을을 장식하는데,
홀로 남은 귀뚜라미
울 밑에 숨어
자장가를 부른다.

과수원 울타리 너머
사과 향기 그윽하고
높푸른 하늘 속으로
제비는 강남으로 가는데,
노란 들국화가
풍경화를 그리는구나.

노란 은행잎

짙푸르던 은행잎이
가을 바람 머금고
노랗게 물들어
세상이 화려해서
오는 사람 가는 사람
감탄하며 지나간다.

노란 은행잎
휘날리는 중앙 공원
핏기 가신 늙은 손들
주섬주섬 포개는데,
어린 시절 생각나서
사색(思索)에 잠기는구나.

풀잎에 서리가 오면
은행잎은 노랗게 물들고
구린 향기 품어대는
은행 알 길가에 둥그러져
늙은이 젊은이가
땅바닥을 더듬는다.

코스모스 길

고향 가는 길섶
코스모스 활짝 피어
인사를 하고
가을 바람 고개 넘어와
소맷자락 파고든다.

기러기 무리지어 남으로 가고
비둘기 잰걸음 치며
둥지 찾아드는데,
코스모스 한들한들
웃음꽃을 피운다.

호수 그 안에
낮에 뜬 하얀 반달
숨어 일렁거리고
코스모스 흐드러져서
짜릿한 향기 취해
소쩍새 울며불며 산 고개를 넘는다.

닭의 세상

사과나무 아래
옹기종기 모여
목청 가다듬어
정오 알리는 꼬끼오 소리
울려 퍼지면
세상이 한가롭다.

지렁이 먹이 하나
물었다 놨다 반복하면서
구구 국 암탉 부르는데,
먼저 달려온 햇병아리가
꿀꺽 삼켜버리면
허전한 숫닭
메뚜기도 풀숲으로 도망을 간다.

물 한 모금 물고 하늘 쳐다보고
부리 싹싹 땅에 비비면
개운한 몸매
독수리 맴돌아서
기절한 병아리가
어미 품을 파고든다.

지울 수 없는 향기

아카시아 꽃냄새에
꿀벌들이 득세를 해도
열흘이 못 가서 없어지지만
구수한 어머니 향기
평생토록
지워지지 않는다.

복사꽃 짜릿한 향기
울안에 번져도
어머니 향기는
마음속에 서려 있어
지울 수가 없구나.

달콤한 어머니 젖 향기
진달래 개나리가 당할 수 없고
인정으로 덮어주며
펴주는 사랑
지울 수가 없구나.

석양 부두(夕陽埠頭)

끼-룩 끼-룩
갈매기 우는 가을 바다
물결치는 해변
철썩 엎어지는 파도 속으로
금빛 햇살 반짝이는
황홀한 석양 부두.

바다가 태양을 삼키면
빛나는 석양 부두
어선은 정박을 하고
물새도 종종걸음으로
둥지 찾아 달려간다.

포구에 뱃고동 울리면
어물 시장 활기차고
숭어는 수족관 속에서
숨을 돌리는데,
만선의 기쁨으로
입항하는 석양 부두.

사랑의 열매

자나 깨나 자식 생각
사랑의 열매
가슴 깊이 자리 잡은 근심 덩어리
늙으나 젊으나 자식은 어려 보여
행여나 잘못될까
밤잠 설친다.

세상에 하나뿐인 아들 딸
사랑의 열매
고귀한 보물
조물주가 점지해 준 선물 보따리
든든한 멋으로
덮어두며 산다.

머리 굵은 자식들은
방앗간 마당에 참새 떼 내려앉듯
이따금 찾아와
지 지굴 떠들다 돌아들 가면
조용한 빈집
외롭고 허전해진다.

그림자

든든한 호위병
움직이면 따라붙고
가만있으면
끈질기게 기다리는 닮은 꼴
찰떡같이 붙어 다니다가
어두우면 숨고
달빛 쏟아지면
비상 근무하는 그림자.

얄밉게 흉내만 내는
검은 혼 때문에
도둑도 담 넘다가
달아났다는데,
그 양심
속일 수 없고
떼버릴 수 없어
어깨동무 그림자는
말없이
떨어질 줄 모른다.

겨울나무

꼬까옷 벗어던진
갈참나무, 단풍나무가
쌩쌩 울고 서 있다.
그래도 청설모는
뼈만 남은 가지 끝에서
졸졸졸 재주만 부린다.

여름옷 훌훌 벗은
알몸으로
싸늘한 눈바람 맞으며
묵묵히 봄 기다리는
외로운 겨울나무
장하기도 하다.

찬바람 부는
산허리에서
당당하게 서 있는
겨울나무 위해
딱따구리 진찰 소리
메아리만 친다.

겨울밤

쌀가루 같은 눈이
조용조용 오는 밤
불빛 희미한 토담집에서
도란도란 삶의 소리
부드러운 어머니 음성
그리움으로 달래본다.

산 넘어온 찬바람이
소나무 흔들어
소금 같은 눈 털어도
까만 하늘에선
백설기 가루만 내리는데,
시린 손 놓여주시던
어머니 손이 그리워진다.

따스한 아랫목에
한숨 자고 일어나도
겨울밤은 어둡고
아직은 새벽닭이 울지 않았는데,
돌아오지 않는 어머니만
꿈속에 어른거린다.

순두부

따끈따끈한 순두부,
구수한 손국수,
도토리묵,
골목상권 단골메뉴
삶의 외침이
새벽잠을 깨운다.

옹기그릇 속에서
순두부 바글바글 끓으면
구미 당기는 밥상머리
가족 사랑 이야기가
조용조용 흘러나온다.

호랑이 할아버지
욕쟁이 할머니가
식욕 당기는 순두부 장국에
사랑이 깃들어
밥그릇을 비운다.

담북장

구수한 동양의 맛
우러나는 담북장
밥상머리에서
으뜸으로 자리 잡아
솟아오르는 힘을 얻어
삶의 현장으로 달려간다.

고고한 담북장 냄새
서양사람 싫어해도
우리들의 유일한 전통 먹거리
식탁 위에 올라
장군 멍군한다.

된장 간장 고추장이
기운 북돋아주며
건강 지킴이 하는데,
우리 음식 뒤로 밀치고
육식과 빵으로 주식을 삼으니
독한 병만 불러들인다.

설경(雪景)

가슴 시린 눈사람이
길섶에 앉아
세상 구경하고,
신명 난 송아지는
길길이 뛰는데,
까마득한 하늘에서
소금 같은 눈이 펑펑 내려오면
세상은 잠이 들고
너와 내가
동심으로 돌아간다.

장독대 위에
수북이 쌓인 백설기 떡
한 모퉁이 움켜잡으면
가슴이 서늘해도
설경은 아름답고
골목 그 안으르
꼬부랑 할멈 들어오면
반기는 이웃사촌
쌀눈이 펑 펑 와서
평화롭기 그지없다.

겨울 산행

찬바람 고개 넘어와
가슴 파고들고
앙상한 겨울나무 아래
수북하게 쌓여 있는 낙엽에서
산 냄새 맡으며
푸석푸석 걸어
독수리 할퀸 용바위 올라
귀여운 고라니도 만나며
등산화를 졸라맨다.

소나무 가지마다
송이송이 피는 눈꽃
얼음 밑으로 흐르는 물
은방울 구르는 소리
귀담아 새기며
월악산을 오르는데,
다리는 휘청거려도
묵직한 산 맛에 반해
땅과 하늘이 만나는 영봉에 서 있으니
심장이 고동친다.

방황

패기 넘치는 젊음
씩씩하고 활발했던 행동 사라지고
외로운 공한(空閑)을 느끼는데,
갈 곳 없는 늙은이는
방황하다가
외로운 공원에서
먼 하늘만 바라본다.

젊은 시절
기술의 달인이 되어
큰소리쳤다만
병들어 찾아오는 사람 없어
방황하는 늙은이
썩은 고목이 되어
쓰일 곳이 없구나.

인간 숲 속에서
알찬 열매 따먹으며
무한한 기쁨도 있었는데,
이제는 방황하는 늙은이

황혼의 문턱에 힘없이 앉아
지난 세월 잊으려 눈 감아 본다.

황혼(黃昏)

서쪽 하늘 끝머리
황혼 찬란한데,
꼬부랑 할멈은
해 떨어지는 들판으로
정처 없이 지팡이를 끌고
바람은 갈대숲을 흔들어댄다.

구절초 꽃 흐드러진 가여울
함바위 나루터
황혼 동산에 걸치고
모래밭에 물새 한 마리
종종걸음 칠 때
사공은 말없이 뱃머리를 돌린다.

백로는 어정어정
저녁밥을 짓는데,
산 너머 검붉은 황혼 속에
하루해는 가도
산허리 초롱꽃은
활짝 웃고 있구나.

백수건달(白手乾達)

공원 의자 앉은 젊은이
화제 신문 뒤적이며
전화통만 들고 있다가
해동갑을 하고서야
자리 뜨는 백수건달.

구두 신고 산에 올라
비탈길 미끄러져
신사복 망신당해
앞길이 캄캄한데,
청설모 도토리 주워
백수건달 조롱하듯 자랑을 한다.

인력시장 찾아가도
안내자는 말이 없고
업자는 오지 않는데,
돌아서는 백수건달
그 모습 민망해도
아내 앞에선 큰소리만 친다.

고향 뻐꾸기

동산 마루 뻐끄기
예나 없이 노래하고
내 고향 용궁 속엔
이웃 정 흘러넘치는데,
파도소리만 서글프다.

검붉은 황혼
호수 속을 불태우고 있는데,
한강(漢江) 여울은 울다 지쳐
한(恨) 품고 돌아서니
잃어버린 고향
그 안에 있다고
뻐꾸기는 울면서 대답을 한다.

한세월
잊었다가도
뻐꾸기만 울면
가슴 터지도록
그리워지는 내 고향 한수가
꿈에 그린다.

덕주산성(德周山城)

마의태자 삼베옷 입고
덕주산성 쌓아 올렸는데,
역사는 말이 없고
천년 세월 흘렀구나.

인걸(人傑)은 간 데 없고
솔 바람소리 애달픈데,
무상한 세월 속에
덕주산성 웅장하다.

경순왕 말년에
눈물 흘린 덕주공주(德周公主)
목욕했던 팔랑소
찬물 소리 외롭구나.

바위 돌 공기 삼아
덕주산성 이룩해
산중궁궐 차린 터에
억새풀만 무성하다.

비봉 폭포

금강산에 올라
깎아지른 절벽으로
쏟아지는 비봉 폭포 앞에서
휘영청 바라보니
웅장함에 도취된다.

비봉 폭포
어질어질하고
가슴도 써늘한데,
옥루동에 안개치마 두르니
쌍무지개 구름다리
휘황찬란하구나.

칠 선녀 내려와서
목욕을 하고
신선이 바둑 두는
비봉 폭포 언덕에
독수리 유유히 놀고
찬바람만 몰아친다.

금강산 비봉 폭포

아소화산(阿蘇火山)

불덩이 솟구치는 아소화산
지구를 놓일 듯하고
유황 냄새 진동하며
활활 타올라
공포에 휘말린다.

아소화산 바라보니
부글부글 끓는 용광로
쏴-쏴-쏴 쉬-쉬- 쉬
귀담아 들으면
우주 본질의 소리
대자연의 엄청난 신비 앞에 섰다.

아소화산의 장엄한 광경
원시 폭발의 현장,
조물주가 만든
이색 열기
치솟아 소리치면서
일본 땅이 들끓는다.